Erwin Brezing · S isch nemme des

Erwin
Brezing

S isch nemme des

Eine
schwäbische
Biographie

Stieglitz-Verlag
E. Händle
Mühlacker

2. Auflage 1978

ISBN 3–7987–0168–7

Druck: K. Elser, Mühlacker

Haufeweis Nostalgie,
stelleweis Elegie,
stücklesweis Euphorie
ond tröpflesweis au no Philosophie,
des gibt bei ons Schwoba, i weiß net wie –
so ganz von selber d'Biographie.

Gruß an Sebastian Blau

Do höret mir neulich de Sebastian Blau.
Ond nochher, do stupft mi mei blitzgscheite Frau:
„Du Ma, i glaub fast, des könntest du au!“

„O Weib, dei Idee, die isch gar net schlecht.
Als Schwarzwälder ben i, wie's Kirchebuch secht,
no weitläufig verwandt mit 'm Bertolt Brecht!“

„S isch äll's no net des!“ moint mei Vetter, der Bert.
Do muaß i ihn froge: „Ja, isch's denn der Wert,
daß mr deswege 's Oberschte z'onterscht kehrt?“

Em Sebastian Blau, noi, dem due i nens,
i ben em au wirklich koi Konkurrenz,
weil i' en uff mei Art höchstens ergänz.

So wie n'en i kenn, isch er mr sicher net bös,
wenn i ons Schwoba d'Levite verles,
– er ka älleweil denke: „S isch nemme des.“

Dr letzte Schwob – 's wird a Freud für en sei –
braucht ausbälgt en koi Museom no nei, –
's kommt allsgmach no oiner dahentedrei.

Wie mr vor em Spiegel stoht,
was mr älles mitgmacht hot,
was oim heut net nondergoht,
i en meine Vers verrot,
weil sichs net verhebe loht.
Zom draus lerne isch's nie z'spot.

'S isch nemme des

Wenn mr scho älter send
ond ons au gern no hend
wie einst em schöne Mai,
merkt mr doch hentedrei:
D' Liebe schmeckt räs –
's isch nemme des!

Wenn oin scho 's Lese schlaucht,
wenn mr e Brille braucht
ond 's Gebiß dreimol gflickt
uff beide Nachttisch liegt,
des isch nex schö's –
's isch nemme des!

Wenn i de Berg nuff lauf
ond donderschlächtich schnauf,
bombert mei Herz da'drenn,
woiß i, wie alt i ben
ond i versteh's:
's isch nemme des!

Plogt oin dr Reißmatheis,
wird's oim em Kopf so heiß,
schlofet oim d'Füaß gar ei,
ka's bloß dr Kreislauf sei,
klagt mr nervös:
's isch nemme des!

Mißt mr de Bauchomfang
ond wird's oim angst ond bang,
weil er em Wachse ischt
auch wenn mr d'Hälfte frißt,
greift mr ans Gsäß:
's isch nemme des!

Will mr a mol lustig sei,
schmeckt oim dr guate Wei,
ka mr net wie mr will,
hot mr glei z'viel Promill,
koscht's oim sei Chais':
's isch nemme des!

Hört mr de neu Musik,
sieht a Theaterstück
oder en Film mit Sex –
Leut, des isch älles nex! –
Send mr net bös!
’S isch nemme des!

Ond onsre Jonge gar
mit Bärt ond Zottelhaar,
feiret als ihr Idol –
daß en dr Kuckuck hol! –
en rote Chines! –
’S isch nemme des!

Ond bei de Liebesleut
isch’s au ganz anders heut.
Sagt’s Mädle früher: Vielleicht,
hot mr gwißt: S’ischt erreicht.
Heut sagt se: Yes! –
’S isch nemme des!

Macht oiner große Sprüch
moint er jo doch bloß sich.
Brei dir om d’Gosche schmiert,
wer di en d’Scheißgaß führt.
Glaub net sein Käs! –
’S isch nemme des!

Sogar en dr Kirche drenn
i nemme sicher ben,
denn's Evangeliom
bieget se au no kromm.
Im Geiste i seh's:
's isch nemme des!

Frogt mr mi frank ond frei,
was denn no bliebe sei,
was denn no wohr ond echt,
wenn so en Haufe schlecht,
äll's nemme des –
sag i: I bee's!

Wie mr vor em Spiegel stoht

S isch viel übertriebe,
was über ons gschriebe,
drom muaß mr's au siebe,
bis d' Wohret mr fend.
Doch älleweil send
Schwoba mir bliebe.

D' Visitekart

Dr Schwob isch international
ond doch koi Pazifist.
Er hält sich selber für sozial,
descht meh wie Sozialist.

Dr Schwob ka deutsch sei bis uffs Mark,
bloß – preußisch isch er net.
„Macht mir de rechte Flügel stark? – "
No stät! – des hemmer g'hett!

Er hot koin Rechtsdrall, mag koin Drill,
rutscht au noch lenks net ab,
sagt jedem, der ihn fange will:
„O Kerle, schwätz koin Bapp!"

Dr Schwob isch fromm, – doch noch dr Stond
sei Krüagle Wei er drenkt, –
so hält er Leib ond Seel sich gsond,
bis ehm dr Hemmel wenkt.

„Der wackre Schwabe fürcht sich nicht!"
Ihn schreckt koi Höllequal.
Er hofft, dr Herrgott isch em G'richt
wie er so liberal.

S' Horra'mer Türkabluat
(Nachtwächterlied)

Hört ihr Leut ond laßt Euch sage,
was sich z'Horra zugetrage,
wie's aus onsrer früh're Stadt
der Chronist berichtet hat:

Älles zittert vor de Türka,
daß se oim de Hals abwürge.
Fällt erscht Wien, fällt 's ganze Reich
onder ihre Säbelstreich.

Wegem O'heil aus em Oschte
stellt au Horra oin uff Poschte,
der en Nacht ond Nebel guckt,
ob's net scho von Türka spuckt.

Wie oin d'Angscht ka irritiere
ond läßt Türka galoppiere
her aus Wien en oiner Nacht! –
Onser Poschte Auga macht:

„Ja, dort seh i se scho zelte!"
woiß er plötzlich zu vermelde.
Ond er schreit, daß Gott erbarm:
„Türka kommet! Leut, Alarm! – –"

Glei druff stoht en Haufe Baure
mit de Sensa uff de Maure.
„Hilf ons Herr, daß 's Kreuz heut siegt
ond ons net dr Halbmond kriegt!“

S rührt se nex! – Wie d'Nacht verfloge
ond dr Nebel sich verzoge,
sieht mr, seit mr nüchtern ischt
statt de Türka – Häufa Mischt!

Hot mr au sein Spott mit triebe,
ebbes isch der Nochwelt bliebe:
Seither hoißt sich kurz ond guat
Wei aus Horra „Türkabluat“.

S „Türkabluat“ wirkt heut no Wonder,
es vernebelt onsern Plonder,
bis dr Kummer sich verzieht,
weil mr'n nemme deutlich sieht.

Ond die Gschicht, die will ons sage:
Lasset euch koi Angscht eijage!
Viel en onsrem Lebe ischt
von nocham g'seah – en Haufe Mischt!

Der Freiflug

S Lied brauch i euch nemme senge
von der Schwäbsche Eisebah'!
Heut will i a neu's euch brenge,
weil dr Mensch jetzt fliege ka.

Uff em Flugplatz z'Echterdenge
stoht a Bauer ond sei Frau.
Wie deam d'Auga außerhänge!
So gern gfloge wär er au!

Dr Pilot will ebe starte,
sieht am Rollfeld onsre zwei.
„Gell, ihr könnet's kaum verwarte? –
Zom a Rondflug steiget ei! –"

„Noi, des ka' i net verzahle! –
descht mr z'teuer, guater Ma.
Lieber leid i Höllequale
ond bleib bei dr Eisebah!!"

„Wettet mr! Wenn du beim Fliege
nex schwätzsch ond koin Muckser machsch,
werdet ihr an Freiflug kriege,
glaub no, wie du nochher lachsch!"

Ond dr Baur mit seiner Alte
steigt en Doppeldecker ei.
„I werd scho mei Gosche halte,
Männdle, da ka'sch sicher sei!"

Dr Pilot läßt 's Flugzeug steige.
Er ka mache, was er will,
ka de tollschte Sturzflüg zeige, –
hender eahm bleibt's mäuslesstill.

Wie'ner landet, schreit er: „Gwonne,
Bauer, hoscht Du onser Wett! –
Noi, so ruhig ond so bsonne
han i bis jetzt koin no g'hett!"

– „Hätt die Wett net fescht mi gnagelt,
überschtande hätt i's nia! –
Wie mei Alte außeg'hagelt,
hätt i beinoh „hoppla" gschria!"

Diogenes em Faß

Mr kennt Diogenes em Faß
no heut als gscheite Ma,
wobei ’s – des zeigt der Schwobaspaß –
am Faß net liege ka.

S brengt oiner, der sei Moschtfaß butzt,
da Bode nemme zua.
Ond wie fei älles nex meh nutzt,
do secht er zo seim Bua:

„Schteig nei ens Faß, von onde druck
des Glomp do oifach nuff!“
Dr Bua, der duats – ond oi „Ho ruck“,
no isch dr Bode druff.

„Was send mir zwoi für Kerle doch!“
posaunt dr Vadder aus.
Do schreit de Bua durchs Spondeloch:
„Wie soll i denn jetzt raus?“ –

Wie hot der den bloß außerglupft? –
I moi – mir lasset des.
Net jeder, der ens Faß nei schlupft,
ischt a Diogenes.

„Zeiget em doch den Schei!“

Zeigt mr bloß an Stempel,
woiß a jeder Sempel:
S kommt vom Vadder Staat.
Ond er steht scho grad.

Doch dr Hauba-Bauer
reagiert druff sauer.
„Braucht mr denn an Wisch,
daß mr ebber isch? – “

S Land wird neu vermesse,
descht e gfondes Fresse
für sein Baurestolz,
der aus bsondrem Holz.

Vor zwoi Geometer
wie a Mauer steht er:
„Wer hots euch erlaubt? – “
Aus dr Däsche klaubt

oiner druff a Schreibe.
„Do – mir dürfet bleibe!
Onser Ufftrag stammt
– lies! – vom Landesamt! – “

Er hots überfloge,
hot koi Gsicht verzoge.
Glei druff no em Stall
hot er für den Fall

au scho d'Lösung gfonde,
hot sein Stier losbonde,
jagt en statt uff d'Kuah
uff die Herra zua.

Wie mit ihre Stange
die send stifte gange,
schreit er hendadrei:
„Zeiget em doch den Schei!"

Mir ond de andere

Mir Schwoba send e bsondre Rass,
die wird's net zwoi mol gebe.
Mir fahret net gern erschter Klass
wir andere durchs Lebe.

Die schaffet, daß se z'lebet hend,
mir lebet, daß mr schaffe.
Wenn die stockhagelbsoffe send,
no hem mir bloß en Affe.

Ja, onser Wei, der isch ons z'schad,
an andre zom verkaufe,
ond darom ebe freuts ons grad,
wenn mir den selber saufe.

Bei andre, do wird's Geld verklopft,
do wird dr Große grisse.
Bei ons, do wird's en Sparstrompf gstopft,
weil mir halt baue müsse.

De andre speiset Rostbeef, Steak –
ons deant's au saure Kuttle.
Ond wo mr vornehm übt Kritik,
do wellet mir bloß bruddle.

Ond Politik aus erschter Hand
ghört net zo onsre Sache.
Ons holt mr erscht em Krankestand,
daß mir de Dokter mache.

Was andre feiret als Genie,
des isch bei ons „a Männdle".
Noi, schwäbisch wird's wo anders nie,
drom bleibet mir em Ländle.

Schwäbischer Alptraum

Wenn em Hoheloher Land
onser Urschwob namens Götz
vornehm heuchelt: „Küß die Hand“,
Leutla, no isch bodelätz.

Wenn „Em schönschte Wiesegrond“
net oi Mensch me senge ka,
fangt – wie wird mir’s weh ond wond –
wohl scho de nächst Eiszeit a.

Wenn der Wasewirt sogar
uff em Volksfest türkisch schwätzt,
no wird’s au em letschte klar:
Schwäbisch isch a Fremdsproch jetzt.

Wenn gar neamerts meh von Hand
Knöpfla ons ond Spätzla macht,
goht a Hongersnot durchs Land,
sterbet d’ Schwoba über Nacht.

Trenkt mr ’s letschte Krüagle Moscht
feierlich em Ländle aus,
secht koi Schwob derzua meh: Proscht!
Des isch onser Leicheschmaus.

Was mr älles mitgmacht hot

Was mr selber erlebt,
des denkt oim ond hebt.
Bei manchem wär's g'fehlt,
wenn's heut nemme zählt.
Bei vielem isch 's best,
wenn mr's hender sich läßt.

Kriegsjohrgang

I han mein starke Oigesenn
bewiese scho em Lebe,
wie z'früah uff d'Welt i komme ben.
Es hot koin Urlaub gebe

für d'Schwoba en der Flandernschlacht –
mei Vadder hätt en gnomme,
hätt schnell dahoim no Hochzich gmacht –
so ben i trotzdem komme.

Em Krieg gebore für de Krieg.
Dr nächste – er isch komme –
ond hot, kaum daß ens Feld i ziag,
mir au scho d'Gsondheit gnomme.

I han mi domols selber gmeld't,
han mi em Krieg verschriebe.
I wär om älles en der Welt
koin Dag dahoim meh bliebe.

Mei Jonger hot mit Haut ond Hoor
sich gegen Krieg entschiede! –
Au i han omdenkt, sell isch wohr,
verschreib mi jetzt dem Friede!

Mr muaß bei dem, was gschehe isch,
doch schließlich oi's erfasse:
„Wenn d' wirklich für de Mensche bisch,
no muaßt en lebe lasse!"

Komische Tragödie

S Theaterspiele, möcht i sage,
des liegt ons Schwoba scho em Bluat.
Wenn mir au schwer am Lebe trage, –
's Lebe spiele deam mr guat.

„Dr Poschtmichel" die Leut erschüttert,
mei Onkel, der hot d'Hauptroll g'hett,
Als kloiner Bua han i mitzittert,
bloß, äll's verstande han i net.

Ja – ka mr denn durch zwoi Gendarme
o'schuldig ihn verhafte lau?
So schrei i laut, – s'isch zom Verbarme –:
„He, lasset Ihr mein Onkel gau!"

Dem Stück, dem isch sei Tragik gnomme,
dr ganze Saal voll Leut hot glacht!
No eh des Traurigste isch komme,
han i' s scho zur Komödie gmacht.

Ond nochher hot's no Prügel gebe,
was i bis heut no net verstand.
Net bloß em Spiel – noi au em Lebe
isch Spaß ond Ernst so nah beinand.

Guat pariert

Respekt vor aller Staatsgewalt
lehrt Paulus d' erschte Chrischta.
Ond heut vergoht der Staat scho bald
aus Angscht vor Anarchischta.

Früher hot mr zo de Kender gsait:
„Net jeder ka regiere.
Seid untertan der Obrigkeit!
Dr Mensch, er muaß pariere."

So hot de stärkschte Ei'druck gmacht
uff kindliche Gemüter
wer über Zucht ond Ordnong wacht
als des Gesetzes Hüter.

Do soll i en der Metzgerei
Landjäger, g'rauchte, kaufe.
Doch, wie'n i komm zur Türe nei,
do ka'n i kaum meh schnaufe.

Dr Landjäger stoht selber da!
Wie soll i jetzt bloß sage! –
I guck, wo'n i verschlupfe ka,
so hot's mir d'Sproch verschlage!

„Komm Büable, sag, was solls denn sei?"
Wie meine Knie do schlottre! –
„A Pärle dürre Polizei! –"
hör i mi heut no stottre.

D' Landkart

Früher isch en älle Klassezemmer
a Landkart ghängt vom Deutsche Reich.
Ond jeden Dag – i hörs no emmer –
do sagt dr Lehrer 's ewig Gleich:

„Zählt auf, was mir an Land verlore,
mr hot's ons en Versailles geraubt,
's muaß wieder her! hot jeder gschwore,
der noch an Deutschlands Zukunft glaubt!"

Ond no isch wirklich oiner komme,
der d'Landkart wieder g'ändert hot.
Er hot sich grausig übernomme,
doch, wie mr's gmerkt hend, war's scho z'spot.

Noi, der isch bei Versailles net bliebe,
er nemmt net bloß de Korridor,
er hot an große Keil neitriebe
nach Oschte – bis er äll's verlor.

Mir send oft vor der Landkart gsesse,
wenn d'Sondermeldong komme ischt,
doch hemmer leider ganz vergesse,
daß nie a Maus a Katz no frißt.

Ond jetzt isch onser Land verschnitte,
ond 's Deutsche Reich, es isch dahin.
Es goht a Mauer gar no mitte
durch d'früher' Hauptstadt, durch Berlin.

Sie soll ons ins Gedächtnis schreibe,
daß d'Landkart längscht net 's wichtigst ischt.
S goht om de Mensche – er muaß bleibe.
Ond emmer hot's grad den verdwischt.

Begegnong mit meim alte Lehrer

Am liebschte isch em's Dichte gwea,
's füllt manche Schulstond aus.
Dernebe hot er Deutsch ons gea,
so ganz von enne raus.

Er hot mei Reimerei entdeckt
ond d'Lieb zur Muddersproch
en mir fürs ganze Lebe gweckt,
des goht mir heut no noch.

Gang i doch neulich d'Enz entlang,
wo oft er meditiert,
beim Reime en seim Überschwang
Gspräch mit sich selber gführt.

Do han i mi derbei ertappt,
daß i jetzt 's Gleiche dua.
I ben scheints grad so übergschnappt.
Z'mol hört er mir jetzt zua.

„Siehsch, jetzt woisch selber, wie's oim goht,
wenn d'Muse oin entrückt,
mit oim Fuaß mr em Hemmel stoht.
No hoißt's, mr sei verrückt.

Doch ziag mr jo den Fuaß net z'rück,
beim Dichte spennt mr halt!
Daß des no gibt, des isch a Glück,
d'Welt wär sonscht arm ond kalt."

D' Berufswahl

Früher, do isch des oifach gwea:
Bei meim Ähne warn's drei Buabe,
des hot lauder Kübler gea,
daß dr Alt ka besser gruabe.

Hot mei Vadder, scho verschwitzt,
grad mit Veschpere a'gfange,
sieht er, wie am Tisch er sitzt,
de Notar uff's Amt erscht gange.

„Noi, mei Jonger soll wie i
nemme sich durch's Lebe ploge! –"
„Bua, i han a Stell für di",
secht mei Vadder, ohne zfroge,

ob mir's baßt, – „S'isch älles klar
ond au älles scho besproche:
Du wirsch Lehrbua beim Notar
ond fangscht a en siebe Woche!"

„Woischt du, ob des recht mir isch?
Därf i au a Wörtle wage?“
„Wem streckscht d’Füaß du ondern Tisch?“
hör i do mein Alte sage.

Mir bleibt gar koi andre Wahl,
meine Träum, se send zerronne . . .
Isch’s au net mei Ideal –
seit i ja gsagt han, – isch’s g’wonne.

Meine Jonge laß i d’Wahl,
wie se wellet sich z’entscheide.
Doch: Wer d’Wahl hot, hot au d’Qual, –
ebbes muaß a jeder leide . . .

Maiestecke

Hot mr früher en Maie gsteckt,
hot sich d’Lieb’ dabei entpuppt.
Heut es gleiche mr bezweckt,
wenn mr mit sei’m Auto hupt.

Wie’n i steig die Loiter nuff,
nagle grad mei Bäumle na,
reißt dr Hausherr ’s Fenschter uff,
schempft en d’Nacht nei, was er ka.

Ond mei Freund, der d'Loiter hält,
läßt se los ond guckt, was ischt.
Wia se gänzt ond wie se fällt,
han i Dachrenn' no verwischt.

Wia mr do en Ängschte schwebt,
wenn des Blech sich ronderbiegt!
Zwanzig Jährle hot mr glebt,
wenn mr haushoch nonderfliegt!

Lieber Gott, machs gnädig, gelt,
wenn i vor dir steh jetzt ball'.
Wenn a Mensch aus Liebe fällt,
isch des doch koi Sündefall!

Do, – em letschte Augeblick
brengt er d'Loiter wieder hoch!
Ond so brech' i doch net's G'nick! –
Wahre Freundschaft! – 'S gibt se noch!

'S Weibliche ons emmer no
nuffziegt, – wie dr Goethe schreibt! –
Besser isch für d'Liebe scho,
wenn se uff em Bode bleibt.

Der Schicksalsschlag

Was hend em Krieg mir älles b'setzt!
Ond froget net, was hemmer jetzt?
Des Herraspiele hot scho gschlaucht,
was hot mr bloß Beamte braucht.

So sitzt en Marburg an der Drau
dr Frieder ond dr Karle au.
Es hend die zwoi – meh langts halt net –
a Schreibfräulein mitnander g'hett.

Se tippt em Wechsel Dag für Dag
ond kommt mit ihrem Gschäft au d'Schlag.
Em Wechsel – 's wird a Regel draus –
brengt emmer oiner sie nach Haus.

Dr Karl wird für a Johr versetzt,
heut kommt er z'rück – was sieht er jetzt:
Dr Frieder wartet an dr Bah'
ond hot en schwarze A'zug a.

„Ja, Frieder, was isch denn bassiert? –"
„Mi freuts, wenn oiner kondoliert,
der wirklich mit mir fühle ka!
Jetzt, heb de, Karle, bisch du dra:

Die Resi, sie hot für ons tippt,
du woischt doch: bei ons gleich beliebt,
hot Zwilleng kriegt – mei Stimm jetzt bebt –
denk: Mei's isch gschtorbe, dei's, des lebt!"

Menschewürde

Mensche erschter Klasse,
„Stolz der Herrenrasse"
send se gerscht no g'wä.
Triffsch se jetzt em Lager,
z'sammadätscht ond mager,
siehsch davo nix meh!

Wenn se Kippe sammlet
ond ihr „thank you" stammlet,
isch en ganz egal,
ob se graucht a Neger, –
„Rassestolz", – jo weger! –
Seahnt: Des war einmal!

Ond die Menschewürde,
die se als Verführte
Weiß ond Schwarz geraubt,
hend se, gehts oms Fresse,
selber heut vergesse!
Wer hätt des je glaubt!

Om en fette Brate
dätet se verrate
selbst ihr'n beschte Freund.
Bloß an sich no denke!
Laßt se andre henke,
wenn no Du net gmoint!

Übermensche züchte,
gibt – i will net richte! –
Ondermensche bloß. –
Will mi dem verschreibe,
daß mir Mensche bleibe, –
's läßt mi nemme los.

„Heldenehrung“

Hot früher a Siebzger-Veteran
für emmer d’Auge gschlosse,
no hot mr, ging’s dann himmelan,
ihm no mit Böller gschosse.

Ond wellt mr die mit gleicher Ehr
vom erschte Weltkrieg grüaße,
no müaßt mr mit Maschinegwehr
wohl über’n Friedhof schiaße.

Om dene aus em letschte Krieg
was ähnlich’s zu verpasse,
do müaßt mr, – net en Ohmacht flieg! –
jo Bombe falle lasse!

Daß des net geht, des sieht mr ei,
braucht nemme drüber streite, –
mr ka doch net mit Barbarei
zom Hemmel oin begleite.

Gsennongswechsel

Politik dät dem verderbe
de Charakter, der koin hat! –
Om sei Weste weiß sich z'färbe,
lüagt mr jetzt an Eidesstatt.

Mr isch ja bloß mit en glaufe
– wie hätt sonscht mr existiert? –
läßt au schnell no d'Kender taufe,
geht en d'Kirch jetzt o' geniert.

Wer aus Angscht, se könnt ihm schade,
d' Gsennong wechselt so wie's Hemd,
gibt des wohl en Demokrate? –
Irgend ebbes do net stemmt!

Wer des falsche Spiel net triebe,
wer's hot zugeah romp ond stomp,
's Schlemmschte isch verspart dem bliebe,
gottseidank: dr Gsennongslomp.

D' Fehler ei'sehe, des brengt Quale
– jeder woiß es, der kuriert –
doch des kannst mit Geld net zahle,
wenn's net en dir drenn bassiert.

Omerziehong

Gestern send no Bombe g'floge
uff ons ronder Dag ond Nacht.
Heut wern mir scho omerzoge
ond zo Demokrate gmacht.

Wie en Film vom Wilde Weschte
wird die Staatsform importiert.
Woiß mr dort vielleicht am beschte,
wie sich's Stimmvieh selbst regiert? –

Müasset mir au Lehrgeld zahle,
geht's ons wider die Natur,
daß mr ons wie Kannibale
beibrengt Sitte ond Kultur.

Wie mr 's z'bont mit ons hot triebe,
secht der alte Papa Heuß,
der scho gscheite Bücher gschriebe:
„Kerle, machet ons nix weis!

Mir hend scho en Landtag ghalte,
wie Kolumbus d'Füaß no g'streckt
onder'n Tisch hot bei seim Alte.
Hot der Euch net erscht entdeckt?"

D’ Wohnongsnot 1948

„Mir könnet beid’ ons nemme leide“,
so saget zwoi vor’m Landgericht,
„ond deshalb müsset Sie ons scheide! –“
Dr Richter duat sei traur’ge Pflicht.

Doch, wie’ n er durch da Stadtpark gloffe, –
kaum er de Auga traua ka,
do trifft er, – ja isch er denn bsoffe! –
die zwoi do eng omschlonge a!

„Was isch denn des? – Ihr send doch gschiede!
Isch Euer Liebe neu entflammt? –“
– „Herr Richter, jetzt isch endlich Friede
mit dem verflixte Wohnongsamt!

Mir höret Johr ond Dag scho emmer,
wo mir oi kloine Bude hend:
Euch steht erscht zua a weiter’s Zemmer,
wenn rechtskräftig Ihr gschiede send!

Jetzt semmer’s! Jetzt isch nex meh z’mache! –
Vorbei isch onser Wohnongsnot! –
Ond scho nächscht’ Woch’ – Se werdet lache! –
da b’stelle mr wieder ’s Aufgebot.“

Die Stunde Null

Wer nex meh ischt ond nex meh hot,
isch gschlage, – daß er en sich goht,
sein Nullponkt ehrlich akzeptiert
ond no a ganzneu's Lebe führt.
Wie hend mir große Töne gspuckt,
dabei bloß uff de andre guckt,
ob die sich wirklich gändert hend,
wo mir de Alte bliebe send! –

Wer d'Weltgschicht so veroifacht sieht,
wie's heutz'tag emmer öfter gschieht,
daß rechts der Null bloß minus steht
ond's lenks von ihr bloß uffwärts geht,
sägt ab de Ascht, uff dem er sitzt,
dem hot dr Nullponkt wenig gnützt.

Ond wer, – wen klag i do net a! –
net schnell gnuag wieder kriage ka
des, was ihm fehlt an Hab ond Guat,
ond sonscht nex denkt ond au nex duat,
der leischtet Vorschub ganz bestemmt
dr Gsellschaft, die ihm älles nemmt.

Au en dr Kirch's en Nullponkt gibt,
des Thema isch dort sehr beliebt!
Doch, wenn selbst d'Bibel bloß no gilt,
soweit se des Programm erfüllt,
des heut uff älle Gasse feil,
wenn onser Wohl scho onser Heil,
no wird am Tage des Gerichts
die Stunde Null zur Stunde Nichts.

Was oim heut net nondergoht

Vornehm hoißt sichs Zeitkritik,
doch na kommts glei stiefelsdick,
wenn uff Schwäbisch mr verfasst,
was oim älles nemme basst.
Aber ois isch 's Guate dra:
'S woiß glei jeder: Di geht's a!

Der Südweststaat

Ausgstande isch dr letschte Kampf
om Württeberg ond Bade.
Ond riecht's au net noch Pulverdampf,
so hot sich's doch entlade.

Es hot sich durchgsetzt dr Verstand
so gege manche Faxe.
Jetzt könnet zom a reachte Land
zwoi Ländle z'sammewachse.

A Schwob, der fährt noch Schtuagert nei,
guckt a, was neu gebore,
do will er bei seim Augeschei
kaum traue seine Ohre:

„I ben doch d' Schtuagert, – Saprament!
des könnt i doch beschwöre! –
Ond muaß de badische Akzent
uff jedem Amt fascht höre!

O Schwobastroich zu Badens Ruhm! –
Mir send jo badisch worde!
Z'mol kriegt dr Wohleb no posthum
vom Großherzog en Orde! –"

Beamtaschicksal

'S klengt oim heut no en de Ohre:
Wie mr sich am Staat verschwore,
hoißt's: Dr Staat, des isch d'Partei! –
Aktiv drenne müaßt mr sei! –

Wie's no wieder anderscht komme,
hot mr des oim übel gnomme:
Jeder früh're Aktivischt
uff dr Stroße glege ischt.

Plötzlich gilt mr als belastet.
Ond bloß den, der sich entlastet,
stellt mr noch der Wäscherei
als Beamta wieder ei.

Heut geht d'Jagd uff d' Radikale, –
doch des isch dabei 's Fatale,
daß mr nie recht wisse ka,
wo's Verbottene fangt a.

Ond so gibt's bei de Beamte
stets Erlaubte ond Verdammte.
Oimol jeden's wohl erwischt! –
Woiß mr denn, was morge ischt?

Gemeindereform

Drei Dörfer hot's do gebe,
zwoi lieget hoch ond eebe,
oins zwischedrenn em Tal.
„Ihr sollt euch selbst verwalte,
– d' Verfassong muaß mr halte! –"
so hoißt's no vor der Wahl.

Doch sitzt mr erscht em Sattel,
vergißt mr en seim Krattel
des, was mr halte soll.
Mr ka sich jo verschtecke,
die Mehrheit wird oin decke
ond „'s allgemeine Wohl".

So hot mr, – 's schlägt koi G'wisse, –
drei Dörfer z'samma gschmisse,
ganz gleich, was d'Mehrheit will.
Die Mehrheit kommt von obe!
Ond d'Bürger läßt mr tobe,
dia wearn von selber still!

Drei Schultes, die send gange,
's hot koiner a Verlange
noch frühem Heldatod.
Es isch a Neuer komme, –
mr hot ihn grad no gnomme, –
der ißt a hartes Brot!

Was früher aus dene Neschter
sich troffe bei de Feschter,
jetzt sich scho kaum meh kennt.
Mr ka sich nemme schmecke
ond wenscht sich gar's Verrecke,
sieht bloß no, was oin trennt

ond will sich dra no labe!
Des Tal, des wird zom Grabe,
den koiner übersprengt.
D' Vernunft, se bleibt drenn hange.
Mr isch zom Pfarrer ganga,
ob der's net no verzwengt.

Der hot sei Bibel gnomme,
– au ihm isch lang nex komme.
Was sagt der guate Ma
der leidenden Gemeinde:
„So liebet Eure Feinde! –"
Ja moinscht, se brenget's na?

Sexualerziehong

Daß mr de kleine Kender zwengt,
z'glaube, daß dr Storch se brengt,
noi – des isch wirklich nemme gange! –
Jetzt hot mr's Gegetoil a'gfanga.

Heut klärt mr d'Kender net bloß uff,
mr lupft se scho uff's Letschte nuff,
was Mann ond Frau mitnander treibe,
's därf ihne nex verborge bleibe.

Wenn mr scho vorher älles weiß,
wia soll da d'Liebe schrittlesweis
em andere no Liebe wecke,
dabei de andere entdecke? –

Isch d'Liebe früher zu mystisch gwea, –
heut wird se bloß no technisch gseah.
Dem Sex alloi wird's nie gelinge,
zwoi Liebesleut en Hemmel z'bringe.

Uffkläre muaß mr d'Jonge g'wieß,
doch 's letschte Stückle Paradies
des sott mr ihne wirklich lasse, –
stirbt's net scho en de ondre Klasse?

S letschte Lesebuch

„Es soll am deutsche Wese
die ganze Welt genese!“
So hot mr’s früher glese.

Wie hot mr übertriebe!
So guat wie nex isch bliebe!
Ganz kloi wird heutz’tag gschriebe

was deutsch en Kunst ond Wisse.
Gerscht no de Große g’risse,
sich selber weg heut gschmisse!

Dr alte Lehrer wettert,
em Lesebuch er blättert,
des heut durch d’Klasse klettert.

Sein Landsmann fende will er.
Wie wird’s om onsern Schiller
doch still ond emmer stiller.

Ond selbst der Meister Goethe,
der zum Olymp Erhöhte,
blost bloß a kloine Flöte.

Kaum Klassiker vertrete!
Doch Klassekampf – Poeta
mit Pauka ond Trompeta!

Mr läßts ens Schulbuch schreibe:
'S ka nex, was isch, meh bleibe!
Soll's denn ens Chaos treibe?

Om d'Gsellschaft z'operiere,
müaßt älles se seziere!
Se könnt au dra krepiere!

Macht no voll's Letschte eebe,
no gibt's nex meh em Lebe,
an was mr sich ka hebe!

Mi will dr Deifel reite,
a Lesebuch z'verbreite
mit grad no oiner Seite

ond druff bloß 's Grußwort brenge
vom Götz von Berlichenge!
Noi! – I verheb's no a wenge!

Der Numerus clausus

Der Numerus clausus, er geht om!
Nach langem Dividiere
hoißt's für die meischte: „Ihr seid z'domm,
om des ond sell z'studiere!"

A Zahnarzt hot a Dochter g'hett,
mr muaß sich drei vergaffe!
des Mädle isch so flenk ond nett,
für sein Beruf wie g'schaffe!

Doch ach, 's dentale Studiom,
des hot mr ihr verbote.
Es fehlt, sagt's Konsistoriom,
a Zehntel an de Note!

Dr Zahnarzt nemmt en Assistent.
Was muaß er do entdecke:
der Kerle hot zwoi lenke Händ,
wird zom Patientaschrecke!

So schickt er z'rück den Doktor dent,
er soll de Professore,
die ihn studiere lasse hent,
no größ're Löcher bohre!

Moderne Kunst

S kommt a Mensch wie du ond i
en d'Gemäldegalerie.
Sehe möcht er selber gern,
was sich heutz'tag hoißt modern.

Wie er's sieht, do wird er wild:
Nirgends meh a Landschaftsbild
ond koi oinzge Venus nackt!
– Des Moderne sei abstrakt! –

Doch die Strich ond Farbeklecks
saget ihm halt oifach nex,
weil er net derhenter kommt.
Vollends ihm dr Schädel brommt,

seit em Katalog er wühlt!
Er begreift bloß, was er fühlt . . .
Ond grad s'Herz, des bleibt ihm kalt.
Isch er wirklich scho so alt?

Wie er schließlich ganz verwirrt
em Abstrakte sich verirrt,
sagt a Wärter: „Guater Ma!
Was mr net begreife ka,

muaß net schlecht sei, au net heut,
s'molt sich selber jede Zeit.
Onsrer Zeit – se spielt verrückt –
isch ihr Konterfei geglückt!"

Motorisierte

Heut isch fascht koiner meh per pedes,
's langt mindestens zom a VW.
Ond manche fahret en Mercedes,
wenn's siehscht, no deant dr d'Auge weh.

Se könnet s'Gaspedal wohl trette
ond hocket drenna stock ond steif,
doch möcht bei etliche i wette:
Ihr Kopf isch net mercedesreif.

Je meh se mit ihr'm Schlitte protzet,
je weniger sprengt Geist mit a.
Es reicht scho, wenn de andre glotzet,
vor allem, wenn mr sonscht nex ka.

So schaltet manche s'ganze Lebe
hochtourig, 's wird oim angscht ond bang,
denn des Betrübliche ischt ebe:
ihr Kopf, der hot de Rückwärtsgang.

Mr ka heut Herz ond Long verpflanze,
– was isch dr Mensch net für a Gschöpf!
Vielleicht gibt's bald au Ambulanze,
do holt mr sich Mercedes-Köpf!

Parkplatznot

'S kommt älles wieder, brauchst bloß warte,
gerscht war mr em Verdiene groß.
Am Schicksal sieht mr net en d'Karte:
Heut isch mr wieder arbeitslos.

Früher stempelt mr en lange Schlange
ond löffelt no a Erbsasupp.
Heut kommt mr gfahre, nemme gange,
s'marschiert koi Arbeitslosetrupp.

Daß wirklich no koi Not vorhande,
des ka mr an de Auto seah.
Was neulich en dr Zeitong gschtande,
des hot mr freilich z'denken gea.

Do holt so oiner scho seit Woche
sei Onderstützong nemme ab.
Des Arbeitsamt hot deutlich g'sproche
ond hofft, es brengt ihn jetzt en Trab.

– „Ihr Herra, därf i oi's bloß sage,
i hoff', daß i Verständnis fend:
Was ka'n i für mein größre Wage,
für den i halt koin Parkplatz fend!"

Abg'fahre

Wie's beim Bosch zom Veschper läutet,
kommt a jonger Spritzer a:
„Leut! – Ihr werdet ausgebeutet,
bloß: Ihr glaubet halt net dra!
Horchet doch uff mei Idee:
'S Kapital, des macht Euch hee!"

Daß er die Genossa gängelt,
sich dr ewige Student
durch an Riese-Parkplatz schlängelt,
wo se ihre Auto hent.
Doch do stenkt mit 'em Benzin
bloß d'Feudalherrschaft für ihn.

Grad gnuag Häusle hot er gsehe,
von de Boschler rengsom baut.
Lieber wär's ihm, 's wär net gschehe,
weil ihm des 's Programm versaut.
Er hot Angscht – isch's net a Witz? –
dr Prolet stirbt am Besitz.

Wie aus seiner Mao-Bibel
prophezeit er 's Paradies,
secht bei Wurschtsalat ond Zwiebel
druff der Moischter: „Oin's isch g'wieß:
'S langt ons! – Kerle halt Dei Gosch! –
Schaffet mir denn net beim Bosch!"

Später uff em Parkplatz wartet
müad als Tramper dr Student
uff an Boschler, der grad startet,
ob ihn der vielleicht no kennt?
„He, Genosse, nemm mi mit!
Gehnt mir doch em gleiche Schritt!“ –

Der dreht nuff sei Wagefenschter:
„Du, des han i überhört!
Mir marschieret net mit G’spenschter,
die Ihr aus em Grab beschwört!
’S Rad hot längscht sich weiterdreht.
Bleib no z’rück! – Du kommscht scho z’spät!“

Babylonische Verwirrong

Z'Schtuagert uff em Bahnhofsplatz
stand i neulich – komm vom Land –
's fällt mr uff, daß i koin Fatz
von dem Sprochagwirr verstand.

„D'Stroßebah nach Degerloch? –"
frog i oin. „Kann nix verstehn!"
So a Dutzend andre noch
zwische Belgrad ond Athen.

Kaum an Lade fendest meh!
Überall „Discount" ond „Shop".
Brauchscht bloß en a Kino geh,
sprengt di Sex a em Nonstop.

Wie'n i sitz em Reschtora,
– han mr nemme z'helfe gwißt –
legt mr mir zwoi Stäble na,
weil mr do chinesisch ißt.

Schließlich em a Tanzlokal
bloß no Beat ond Pop ond Twist.
Mr hot's Gfühl, es klengt fatal –
daß mr en dr Fremde ischt.

Em e Hochhaus wird mr's bang,
fühl mi als verlorner Sohn.
I glaub, 's dauert nemme lang,
no hoißt Schtuagert „Babylon".

Onsre Jonge ond mir

„Hent's de Jonge denn vergesse,
– der ons gschaffe hot, der spricht's:
'S täglich Brot, des sollscht du esse,
Mensch, im Schweiß des Angesichts!

Dägweis omanander longre,
isch für manche's Paradies.
Müaßtet se net längscht verhongre,
wenn mr se net lebe ließ? –"

„Schaffe, spare, Häusle baue"
bis mr selber uff em Hond! –
Wenn de Jonge dem mißtraue,
deant se des aus guatem Grond.

Onsre Jonge wellet lebe,
aber net wie a Stückle Vieh.
Bloß an bessre Zugochs gebe,
langt zom Menschsei eba nie.

Nex meh schaffe ond bloß gammle,
gautscht sich sicher wieder ei.
– Wuahle bloß ond Schätze sammle,
des dürft nemme drenna sei.

Der Philosoph aus heitrer Höh

Heut han i mein Weltschmerz wieder,
darom steig i nuff uff d'Höh,
laß mi uff mei'm Plätzle nieder,
wo i d'Welt von obe seh.

I will's nemma, wie mr's bschiede,
– wenns me au no ziemlich schlaucht.
Net wär älles hot, isch z'friede,
z'friede isch, wer net meh braucht.

Wie's da dronte pfupfert, brodelt
rings uff dera ganza Welt!
Ond doch liegt se da wie gmodelt,
könnt ihr sage, was ihr fehlt!

Sott halt meh so Kerle gebe
wie'n i selber oiner ben,
no dät endlich mr's erlebe,
daß d'Leut nemme Händel hen.

Doch 's wird grad so weiter gange,
henter ons liegt 's Paradies.
Am a Zipfel ka'sch's no lange,
en dir drenna, so mach i's.

I han nach dem Zipfel griffe,
durch'n Schlitz en Hemmel g'seah,
net omsonscht uff älles pfiffe
später no beim Nondergeah.

Klemmzüg nach em Paradies

Aus em Paradies vertriebe
isch der Mensch seit Adams Zeit.
Er wär lieber drenna bliebe,
ond wie oft scho hot's en greut,

daß er's Letscht hot welle wisse
was ihm Gott verbotte hot.
Hätt uff d'Zäh' er lieber bisse
statt en Äpfel! – Jetzt isch's z'spot!

Doch statt zu seim Chef zu sage:
„Suchst en Schuldige – ben i 's!"
stellt er seither bloß de Krage,
sucht sei oiges Paradies.

Ond so sieht mr'n Klemmzüg mache
nach seim Traum- ond Wonderland!
S'isch zom Heule ond zom Lache,
manchmal isch's scho meh a Schand,

wie vor seine neue Götze
lauter Bauchtänz er verführt,
sich de Hemmel zu ersetze,
den er so erscht recht verliert.

Läßt mr's Paradies dahende
ond suacht's wieder – muaß mr z'rück.
Daß mr glaubt, sei vorne z'fende,
des isch 's Teufels Meisterstück! –

Nackte Affe

Seit er 's Paradies verlore,
trägt der Mensch sei Feigeblatt.
Wird er denn net nackt gebore?
– Heut, do hot mr 's endlich satt,
daß mr grad die Stell verdeckt,
die oim d'Lust zom Lebe weckt!

Au de letschte Hülle fallet
ond mr zeigt sich, wie mr isch!
Onsre Illustrierte knallet
d'Nacktheit uff de Ladetisch,
bis mr glaubt, daß 's Feigeblatt
's Paradies oim gnomme hat.

Doch beim Ausziehe soll's net bleibe,
mr versetzt sich en an Rausch,
o'geniert mitnander z'treibe
Gruppa-Sex ond Partnertausch.
No erscht sei mr wirklich frei. –
'S isch ond bleibt a Sauerei.

Der de Mensche hot erschaffe
als sei oiges Ebebild,
der will koine nackte Affe
ond sei Mahnong älle gilt,
die scho so tief g'sonke send,
daß er se fascht nemme kennt.

„Seid Ihr bloß no Sex-Maschine?
I will Euch als Mann ond Frau!
Lasset's Euch zur Warnong diene:
's Paradies, des braucht en Zau'! –
Wer ihn ei'reißt an der Stell,
macht sich 's Schönste no zur Höll'! –"

Moderne Sklave

Aus em Paradies verstoße,
gaukelt mr sich's vor em Traum,
nemmt en emmer stärkre Dose
Rauschgift. Ond mr schwebt em Raum,
läßt sich selber onder sich,
selig durch en kloine Stich.

Aber bloß für Stonde ebe
brengt mr so an Zustand na.
Wenn er uffhört, sprengt oin 's Lebe
no a mol so scheußlich a!
Mr braucht's öfters, braucht no meh,
macht dabei sich selber hee.

Jeden, der, der Sucht verfalle,
aus sich Soifeblose macht,
hot dr Teufel en de Kralle,
der sich oin's en's Fäuschtle lacht:
Zom moderne Menschefang
braucht er net amol meh d'Schlang.

Goldene Kälber

Des goldne Kalb hot Jonge kriegt,
dr Markt mit gold'ne Kälber
floriert – doch fast no stärker ziegt:
Dr Mensch tanzt om sich selber.

Er treibt an Kult mit jedem „Star",
den er en Himmel ghobe.
Ond mancher wird zom Halbgott gar,
bloß weil er grad da obe.

S' thront jeder, bis er ronderfällt,
– ond 's isch no jeder g'floge!
hot vorher no en Haufe Geld
ons aus de Tascha zoge.

Ond's Geld - dr Neid hoißt's Kapital,
wenn er dagege wettert –
des wird heut international
als heil'ge Kuah vergöttert.

Wer tanzt net älles om d'Idee,
die's Kapital entmachtet!
Bloß gibt die Kuah koi Milich meh,
wenn mr mit Gwalt se schlachtet.

S' wär gscheiter, mr macht halb ond halb
em Nemma ond em Gebe.
Not wär mr los sei goldens Kalb
ond könnt no ganz guat lebe.

D’ Weltangscht

Wer wohl a neue Arche baut
für d’Leut ond au für d’Viecher? –
Mr hot derfür en Riecher,
daß sich do ebbes z’samme braut.

Es gibt koi zweite Sintflut meh! –
hot Gott dr Herr einst gschwore.
Dr Mensch, der’s Maß verlore,
macht, was Er g’schont hot, selber hee.

Wenn ’s oin von dene Große juckt,
die Menschheit zu verderbe,
no müaßt Millione sterbe,
wenn er bloß uff a Knöpfle druckt . . .

Ond d’Luft ond’s Wasser send verdreckt,
ka koiner des meh hebe,
no wird mr’s no erlebe,
daß dra dr ganz Planet verreckt.

Ja, wenn dr Mensch so weitermacht
ond d’Schöpfong voll verschandelt,
ens Chaos z’rückverwandelt,
wird’s eines Tags für emmer Nacht.

Doch gottseidank hot ’s letschte Wort
der, der au’s erschte gsproche.
Hockt d’Angscht oim en de Knoche,
nemmt des oim doch des Zittre fort.

A Schlußwort

Fangt dr Schwob mit bruddle a,
bruddelt er an älles na,
läßt koin gute Fade dra,
weil er älles besser ka.
Fühlt mr'm aber uff de Zah'
fühlt sich's au net besser a.

Schließlich kommt au er soweit,
daß es außer ihm no geit
ällerhand patente Leut,
grad so hell ond grad so gscheit.
Wenn ihn des au net bloß freut,
er verkraftet's mit dr Zeit

ond guckt d'Welt von obe'n a.
Wenn mr'm au net nemma ka,
daß dr Herrgott en seim Pla
als Modell stellt's Ländle na,
daß mr se dra messe ka,
woiß er: d'Welt g'hört no dra na.

Au i laß jetzt 's Bruddle sei,
zugeah: 's war net emmer fei!
Hoffentlich schnappt koiner ei!
Sieht mr doch net enna nei
ond woiß meischtens hentedrei,
wie die Gschicht hätt solle sei.

„Nemme des“ – wie leicht sichs secht.
Jeder woiß, was älles schlecht,
koiner ka so wie'n er möcht.
D' Hauptsach isch, daß mr 's verträcht,
b'hält, was guat isch ond was echt
ond für morge 's Bess're möcht,

schließlich sich vor Auge hält:
Nex isch ewig uff der Welt,
was heut steht, scho morge fällt.
Doch oi Uffgab bleibt ons gstellt,
daß de Name Mensch mr b'hält,
weil am End alloi des zählt.

Wenn i älles Was ond Wie
beim a jede von ons sieh,
isch de letscht Erkenntnis die:
Meh wie Mensch sei, schafft mr nie.
Daß mir's gwea send – du ond i –
desch de bescht Biographie.

Inhaltsverzeichnis